ÉTUDE

SUR

ÉMILE SOUVESTRE

OUVRAGE COURONNÉ

Par la Société Académique de Brest

BREST

IMPRIMERIE J.-P. GADREAU, RUE DE SIAM, 99

1880

ÉTUDE

SUR

ÉMILE SOUVESTRE

OUVRAGE COURONNÉ

Par la Société Académique de Brest

BREST

IMPRIMERIE J.-P. GADREAU, RUE DE SIAM, 99

1880

MADAME,

Veuillez me permettre de vous dédier ce modeste Essai sur Émile Souvestre.

Je suis heureux d'avoir pu faire mes premiers pas dans la carrière littéraire, à l'ombre du nom d'un de nos plus sympathiques écrivains bretons.

Hélas ! ma plume encore inexpérimentée aurait peut-être réussi, par un plus grand effort, à rendre un hommage plus éclatant au mérite d'Émile Souvestre.

Mais en présence de la touchante modestie de notre cher Compatriote, je me suis surtout attaché à exprimer avec la plus grande simplicité mes sentiments de profonde admiration pour son remarquable talent d'écrivain et pour les qualités précieuses de son noble caractère.

E. MÉVEL.

ÉTUDE

SUR

ÉMILE SOUVESTRE

Keit a ma vezo buès en ounn,
va c'hounn a vezo evit ar bro.

Tant que la vie sera en moi,
ma pensée sera pour mon pays.

Le motif qui m'a déterminé à choisir pour point de repère, cette devise inscrite au frontispice de la *Bretagne ancienne et moderne*, de Pitre-Chevalier, c'est qu'elle exprime bien les sentiments généreux et patriotiques qui animaient Emile Souvestre.

De quels accents élevés se sert notre compatriote pour retracer, dans la plupart de ses écrits, les souvenirs de notre bonne et chère Bretagne !

Peut-on trouver une lecture plus attrayante que celle du recueil intitulé: « *Le Foyer Breton ?* »

Avec quelle scrupuleuse exactitude sont relatées, dans cet ouvrage de Souvestre, les légendes des diverses parties de notre vieille Armorique !

Quelle étude approfondie des différents dialectes de notre contrée bretonne !

Les étymologies, les proverbes et les expressions pittoresques que l'on trouve commentées par l'auteur, presque à chaque page, offrent un attrait tout particulier, surtout à ceux qui connaissent la langue celtique.

C'est réellement, comme le dit Souvestre, sur l'âtre de nos paysans, devant leur feu de landes ou d'algues marines, qu'il a écouté les récits qui composent « *Le Foyer Breton.* »

Les touristes qui parcourent la Bretagne recherchent avec empressement les ouvrages de cet auteur; ils y trouvent des indications précieuses sur les cromlec'hs, les dolmens et les menhirs qui, debout au milieu de nos bruyères et de nos landes, se dressent devant le voyageur étonné, comme des souvenirs, pour ainsi dire vivants, du passé.

Avant de procéder à la critique littéraire des œuvres d'Emile Souvestre, qui constitue le fonds de cette Etude, je ne puis me dispenser de retracer en quelques lignes les principales phases de sa vie. Car ses œuvres sont comme le reflet de cette existence pure et laborieuse.

Emile Souvestre naquit à Morlaix, en 1806, de parents peu favorisés sous le rapport de la fortune.

L'austérité de mœurs dans laquelle vivait cette famille honorable, contribua, sans nul doute, à faire naître dans l'âme du jeune Léonais, ces sentiments d'honneur et de fierté, qu'il n'a jamais abandonnés durant son existence parfois si tourmentée.

Aussi tous ses ouvrages sont-ils empreints d'un caractère moral. Il semblerait que l'air pur et vivifiant de la mer, qui souffle sur les rivages de notre péninsule , ait influé sur les idées saines et élevées que nous trouvons dans les œuvres de Souvestre.

Les sentiments de l'honneur et du devoir brillent dans ces charmants récits, qui devraient former le principal ornement de la bibliothèque de la jeunesse.

Au physique , ce jeune Breton portait tous les signes qui distinguent notre ancienne race celtique : d'une taille élevée, il avait la physionomie ouverte, les cheveux longs et abondants, comme ceux de nos paysans bas-Bretons ; le teint basané, le visage large.

Son regard, doux et triste, laissait pourtant percer cette énergie et cette résignation dont il ne se départit jamais.

Au moral, il possédait une grande force de volonté , une touchante simplicité et un cœur tendre , susceptible d'une très-vive affection. Il eut toujours une profonde aversion pour l'injustice.

Maintenant que nous connaissons la silhouette de Souvestre, pénétrons plus avant dans les secrets de sa vie intime , dont nous allons retracer à grands traits les principaux évènements : Enfant, il avait le goût de l'étude et de la solitude, dispositions qui faisaient pressentir le travailleur infatigable et le profond penseur. Tout jeune , il aimait à se voir entouré d'un nombreux auditoire d'enfants de son âge. On le voyait alors , dans le petit jardin qui se trouvait à l'ombre du toit paternel , raconter des légendes et des historiettes , qu'il nous a ensuite présentées dans ses livres, d'une façon si séduisante.

A la mort de son père, qu'il perdit peu de temps après sa sortie du collége de Pontivy, il quitta

Rennes pour se fixer à Paris, où il ne put, malgré
les efforts d'Alexandre Duval, réussir a faire repré-
senter à la Comédie-Française la tragédie du *siége
de Missolonghi*. Les idées libérales qu'il développa
dans cette pièce, au sujet de l'affranchissement de
la Grèce, furent cause de cet échec, qui le brisa.

Voici, dans la préface des *Derniers Bretons*, les
termes touchants dans lesquels il depeint sa tris-
tes-e :

Il revint alors, dit-il, en Bretagne, où pendant six
ans on le vit « se mêler aux populations des campa-
gnes, écouter leurs histoires et étudier leurs mœurs
dans les chemins creux et devant les feux de landes
des foyers. »

En 1831, il eut la douleur de perdre sa femme, et
faillit se laisser aller au découragement. Mais il se
livra bientôt au travail avec une nouvelle ar leur.

Ne pouvant vivre seul, il épousa plus tard une
jeune fille remplie de dévouement et de courage,
qui l'aida à accomplir sa tâche laborieuse.

Successivement avocat à Morlaix, journaliste, pro-
fesseur à Brest et à Mulhouse, il fit, en 1836, paraître,
dans la *Revue des Deux-Mondes*, les *Derniers Bretons*,
ouvrage qui le fit connaître. Perdu au milieu de ce
Paris, si mondain et si bruyant, il continua à y
mener une vie austère et calme, passant ses soirées
en famille, avec quelques intimes, qui eurent le
privilége de s'asseoir à son foyer La simplicité e
la grâce qui brillent dans tous ses récits faisaient
le charme de ses conversations, si appréciées de
ceux qui l'ont connu.

Dans son cabinet de travail, situé « sous les toits, »
il n'avait pour tout mobilier qu'une table de sapin,

un vieux fauteuil et un poële, dont les bruyants onflements venaient, l'hiver, égayer le philosophe de la mansarde. Voilà bien un ameublement en rapport avec l'austérité de ses mœurs et la simplicité de ses habitudes.

Souvestre était d'une sensibilité de cœur, telle que la vue d'une infortune lui occasionnait une émotion si profonde, que son repos même en était troublé.

En présence des calamités publiques, il se laissait aller au découragement. Ecoutez ce qu'il dit à ce sujet :

« Je suis pris de profonds désespoirs en voyant ce qui se passe autour de moi. Je ne sais pourquoi la vanité des partis, l'égoïsme des individus et l'injustice des masses me frappent si vivement depuis quelque temps. »

Puis, dominant sa tristesse, il continue en ces termes :

« Ne craignez pourtant pas pour moi, je suis de la race des Germains, qui tombaient en cachant leurs blessures, et comme s'ils se couchaient pour mourir.

« Je n'étalerai point le scandale de mes plaies, et je ferai mon devoir jusqu'au bout. »

Quelle exquise sensibilité et quelle fermeté à la fois ! L'idée du devoir est toujours présente à son esprit.

En 1848, après avoir constamment refusé les faveurs du Gouvernement qui venait de tomber, Souvestre se dévoua à la chose publique et consentit même, malgré la violence faite à ses goûts, à se présenter aux populations du Finistère, comme candidat à l'Assemblée Nationale. Il quitta avec peine sa famille

parcourut cette chère Bretagr e, à laquelle se ratta-
chaient de si touchants souvenirs de jeunesse, et
éprouva un échec. Loin de se décourager, il se
rendit utile en faisant à Paris des lectures publiques
et en acceptant le professorat dans l'Ecole d'admi-
nistration fondée à cette époque.

En 1852, lorsque l'Empire survint, il éprouva un
grand chagrin de voir le renversement de la
République, « seul Gouvernement solide, disait-il,
lorsqu'il sera acclamé sérieusement et librement par
la majorité. »

Dans les dernières années de sa vie, il entretint
avec M. Alexandre Vinet, qu'il avait connu à
Mulhouse, d'excellentes relations d'amitié, dans lesquelles il trouva de grandes consolations et de
nouvelles forces pour achever sa tâche.

En 1853, accompagné de sa famille, il partit pour
la Suisse, où il fit avec succès des cours publics, dont
il nous a laissé un résumé dans ses *Causeries historiques et littéraires*, que nous analyserons dans le
cours de cette Etude.

Souvestre mourut subitement au mois de Juillet
1854, et il ne lui fut pas permis de « jouir, comme il
le désirait, de la sérénité du soir avant de se
coucher. »

Il se faisait cependant une fête de reprendre avec
la douce compagne de sa vie « les longues causeries
des premières années, les lectures à deux, toutes ces
douces habitudes de l'entrée en ménage, bientôt
interrompues par les devoirs de la famille, et qu'ils
allaient retrouver dans un printemps de l'arrière
saison. »

Le monde littéraire fut vivement impressionné en

apprenant la mort prématurée d'Emile Souvestre, dont la vie et les œuvres avaient attiré l'attention de ses contemporains.

A présent que nous connaissons la vie de Souvestre, je vais aborder la critique de ses principales œuvres et tâcher d'en faire ressortir tout le mérite.

Ainsi que l'auteur le déclare dans sa préface de « *Pendant la Moisson* », ses ouvrages tendent tous au même but :

« Fortifier les grands instincts conservateurs de l'homme et de la société ; glorifier le dévouement, la résignation, le travail et la justice. »

Il s'efforce toujours de développer en nous le sentiment du devoir, et de se rendre utile en moralisant le peuple.

Prenons son premier roman, intitulé « l'*Echelle de Femmes*. »

J'accorderai à cette première inspiration de l'écrivain quelques développements, car notre premier élan contient généralement ce que notre cœur renferme d'aspirations nobles, et il se dégage de ce premier essor de notre imagination un charme tout particulier.

Ce volume de « l'*Echelle de Femmes* » contient l'étude de la femme dans toutes les classes de la société, depuis le dernier échelon jusqu'au sommet de l'échelle sociale.

Le portrait de la femme du peuple, qui commence cette série d'études contemporaines, est vigoureusement tracé et nous montre les funestes conséquences de l'inconduite du mari sur l'intérieur d'un ménage d'ouvriers.

Les premières pages de cette lugubre histoire, dans laquelle l'auteur nous fait assister à une exécution à Brest, renferment un tableau curieux et intéressant de ce fameux *Pont-de-Terre*, transformé aujourd'hui par nos édiles en un gracieux square.

Cette charmante place de la Tour-d'Auvergne ne laisse dans nos esprits aucun souvenir de ce quartier fangeux et mal hanté que Souvestre nous décrit avec tant de vérité.

Le portrait de la grisette, qui fait suite, est écrit sur un ton moins sombre. Je trouve même que l'auteur, encore inexpérimenté, s'est laissé aller à son inspiration avec un peu trop d'abandon. Certaines scènes frisent la crudité.

Dans la suite, ce défaut ne reparaît plus, et la réserve dont Souvestre ne s'est jamais départi, place ses ouvrages au nombre de ceux qui peuvent orner la table de famille et charmer les ennuis de nos longues soirées d'hiver.

Emile Souvestre continue cet essai par des détails pleins de verve et d'humour sur les scènes d'intérieur de la vie bourgeoise.

Il nous transporte enfin sur la scène du grand monde, dont il nous donne un aperçu d'une vérité saisissante. Nous y voyons la grande dame, d'abord jeune fille, livrée à tous les dangers de la vie mondaine ; puis femme, exposée à toutes les séductions que l'indifférence d'un mari rendent si dangereuses ; enfin dans la vieillesse, nous la retrouvons délaissée et abandonnée.

Tous ces tableaux sont un peu forcés, et l'auteur semble ne nous montrer que le revers de la médaille pour nous prouver que toutes les classes de la société ont leurs misères.

Riche et Pauvre, ouvrage publié ensuite, met en scène un jeune avocat aux prises avec les difficultés de la vie.

Les lettres d'Antoine à Louise, qui terminent ce volume, nous dépeignent, dans un style élevé, les vicissitudes d'un amour pur, mais incompris.

L'Homme et l'Argent, qui suivit immédiatement *Riche et Pauvre*, le *Mât de Cocagne*, la *Goutte d'eau*, les *Deux Misères*, comptent parmi les ouvrages les plus importants de Souvestre.

Les *Derniers Bretons* qui, ainsi que je l'ai déjà dit, parurent en 1836, mirent en lumière le mérite de notre compatriote et lui ouvrirent les portes du monde littéraire. Cette étude des mœurs, des coutumes et des superstitions bretonnes, est le complément indispensable des légendes contenues dans le *Foyer Breton*, et que nous avons mentionnées plus haut.

Dans les *Derniers Bretons*, l'auteur nous initie successivement aux coutumes du Léon, de la Cornouailles, du pays de Tréguier et de Vannes.

La physionomie qui est propre à chacune des différentes parties de la Bretagne a été fidèlement observée. Souvestre nous fait un émouvant récit du choléra qui décima autrefois le Léon.

Après nous avoir décrit les feux de Saint-Jean et autres usages du pays, il nous dévoile, dans l'histoire de Joan de Guiclan, les fatales conséquences, en Bretagne, du fanatisme à cette époque.

En Cornouailles, nous retrouvons, près de la pointe sinistre de Penmarch, le sauvage breton Philopen, un de ces pilleurs de mer qui vivaient du produit des épaves. Ce chapitre se termine par les luttes bretonnes, la légende du roi Grallon, les mariages en Bretagne et autres récits qui sont reproduits dans les annotations de Souvestre sur le voyage de *Cambry dans le Finistère.*

L'archéologue trouvera aussi dans le chapitre du *Pays de Vannes,* des détails intéressants sur les dolmens et menhirs de Locmaria-Ker, ainsi que sur les pierres de Carnac, qui présentent un effet si saisissant au clair de la lune.

Plus loin, le narrateur fait ressortir le contraste frappant qui existe entre le caractère batailleur et turbulent du Cloarec Morbihannais et le mysticisme du Cloarec Trégorrois. Le chant des Arzonnais, hymne en l'honneur de Sainte-Anne, termine cette Etude sur le Morbihan.

Viennent ensuite les *guers* ou *ballades*, parmi lesquelles nous citerons la Folle d'Auray, la Légende de Saint-Nicolas, puis les Chansons bretonnes : la Meunière, le Franc-Buveur, le Petit Pauvre et enfin les Poëmes si connus de Michel Morin et du *Buguel fur.*

Souvestre nous cite aussi des tragédies bretonnes, au nombre desquelles figurent celles des quatre Fils Aymon, de Sainte Triffine et de Kervoura ; des appréciations très-judicieuses sur le commerce et l'agriculture en Bretagne, complètent ce volume intéressant et instructif.

La Revue des Deux-Mondes fit paraître, en 1847, les *Scènes de la Chouannerie,* qui nous donnent un aperçu historique de la guerre de partis en Vendée. L'esprit raisonneur du Manceau, qui calcule tout, même le péril, avant de s'exposer au danger, nous est fidèlement représenté dans cet ouvrage.

Au début, nous lisons avec intérêt la description de quelques fêtes de ce pays, celle de la Gerbe, entr'autres.

Dans les diverses scènes qui se déroulent à nos yeux et qui sont animées par un dialogue vif et coloré, nous faisons connaissance avec Jean Chouan et Louis Treton, plus vulgairement connu sous le nom de Jambe d'Argent. Souvestre fait remarquer dans le soldat vendéen, cette abnégation et ce profond mépris de la mort, qualités qui lui donnent tant d'intrépidité.

Les réflexions philosophiques de l'auteur sur l'origine et le caractère de la Révolution dans le Maine et l'Anjou, méritent toute l'attention du lecteur. Les silhouettes vigoureusement esquissées de Cathelineau et de Stofflet apparaissent dans ces récits, dont le ton un peu sombre, dû aux circonstances, est parfois éclairé par des portraits et des épisodes variés. Quelle poésie dans la description du presbytère et des mœurs patriarcales du vénérable curé M. le Bon !

Cette lutte entre les idées se termine par le siége d'un clocher, tableau très-animé, qui nous montre les Chouans succombant après un combat héroïque.

Les *Souvenirs d'un Bas-Breton* viennent avec « les *Derniers Paysans* » compléter toutes ces relations sur la Bretagne et fournir des renseignements précieux aux touristes et aux littérateurs qui visitent et étudient notre pays, si fertile en souvenirs et en monuments. Les dernières pages des *Souvenirs d'un Bas-Breton* sont consacrées à l'histoire de la Chouannerie en Bretagne et aux exploits du fameux chouan Boishardy.

Le début de ces mémoires renferme une étude cons*
ciencieuse sur la constitution et les habitudes de la
famille en Bretagne avant la Révolution.

Citons une description de Brest en 1789, avec ses
gardes de marine, dont l'outrecuidance était prover-
biale. Dans le cours de ces récits, je noterai diverses
scènes, entr'autres un souper chez Carrier. Tous les
personnages de la Révolution surgissent avec la
tenue et le langage qui leur conviennent. Nous y
retrouvons aussi, à la fin, une curieuse peinture de
Brest en 1794.

Je m'associe volontiers à Souvestre pour regretter,
comme il le dit dans le *Foyer Breton,* que nos pay,
sans ne se réunissent plus comme jadis, le soir,
autour de l'âtre. Les veillées ne sont plus employées,
durant les longues soirées d'hiver, à écouter le tail-
leur, à qui sont réservées, en Bretagne, les fonctions
de narrateur. Le paysan, stimulé par l'appât du gain,
se couche de très-bonne heure les jours sur semaine.
Malheureusement les libations de la journée ne lui
permettent pas toujours de veiller, les jours de fête.
Il me coûte d'adresser ce reproche à quelques-uns
de nos cultivateurs, mais je dois avant tout rendre
hommage à la vérité. *Amicus Plato, sed magis amica
veritas.*

Ecoutons maintenant les réflexions d'un *Philosophe
sous les toits,* ouvrage couronné par l'Académie fran-
çaise.

Ce recueil est un journal mensuel qui contient les
sensations éprouvées durant l'année par l'auteur qui,
de sa mansarde, regarde et étudie attentivement la
société.

Sous ce titre modeste, nous allons trouver de sages leçons de philosophie et des aperçus remplis de vérités sur notre pauvre humanité. Ce calendrier des sensations, comme l'appelle Souvestre, débute par les Etrennes de la Mansarde. La première scène se passe au mois de Janvier. Le premier jour de l'an nous apparaît, sous l'habile pinceau de Souvestre, avec son escorte habituelle de neige et de glace.

A quels transports de joie nous fait assister notre moraliste, lorsque les habitants du logis voisin rentrent et voient le feu allumé dans le poële qu'il a offert à une famille pauvre. Quelle gaîté ! et quelle expansion touchante animent ce repas improvisé, entremêlé de rires et de larmes d'attendrissement !

Dans le cours de cet ouvrage, l'auteur nous initie à la vie intime qu'il mène dans sa mansarde. La tête dans les hauteurs, « il assiste à ces mille effets de lumière qui font de ces régions élevées un théâtre aux décorations toujours changeantes. » Quel amusant tableau que celui de ce sauve-qui-peut, occasionné par un subit orage! Souvestre termine ce chapitre, parsemé de réflexions philosophiques, par une invocation à la pauvreté : « Pauvreté sainte, apprends-moi à tout supporter sans me plaindre, à partager sans hésitation, à chercher le but de l'existence plus haut que les plaisirs, plus loin que la puissance...

« Tu fortifies le corps, tu raffermis l'âme, etc...

« Continue à me soutenir, ô toi que le Christ a surnommé la Bienheureuse !... »

Nous voici au mois d'avril. Quelle peinture réussie de l'aspect qu'offre Paris le soir, lorsque le travailleur, pour se reposer des fatigues de la journée, examine en se promenant les produits de la civilisation universelle, exposés dans les vitrines des magasins. L'auteur fait ressortir l'influence heureuse que cette source d'observations exerce sur l'esprit de l'ouvrier.

Remarquons aussi dans ce chapitre intitulé : « *Aimons-nous les uns les autres*, » une haute leçon de morale, contenue dans cette touchante histoire de l'enfant du Riche et du Pauvre :

« Quand verrons-nous, dit-il, cesser l'envie haineuse de celui qui souffre, l'oubli égoïste de celui qui jouit. »

Profonde pensée ! qui renferme l'énoncé du problème social si difficile à résoudre, et contre lequel viennent se heurter toutes les combinaisons des économistes de notre temps.

Voici venir le mois de mai, qui, avec son brillant cortége de fleurs et de verdure, invite le philosophe de la mansarde à assister à une fête des environs de Paris. Que ce sont bien là les sensations qu'éprouve l'ouvrier parisien, le dimanche à la campagne, par une belle journée de printemps ! Quelle vie ! quel entrain dans ce tumulte joyeux de la fête !

L'auteur ensuite déroule devant nos yeux les ennuis de la gloire et de la puissance, dons chèrement payés, qui ne sont le plus souvent, comme le dit Madame de Staël, « qu'un deuil éclatant du bonheur. »

Plus loin, nous trouvons un intérieur de famille d'ouvriers, tracé de main de maître. Quelle page émouvante que la scène d'ivresse de Michel Arout rachetant son fils Robert !

Nous voici en présence de l'invalide Chauffour, le voisin de notre philosophe, qui, sous sa modeste enveloppe, cache des sentiments élevés et un profond amour pour la patrie.

Avec quels accents chaleureux il se glorifie du titre de Français ! Quel enthousiasme, lorsqu'il parle du dévouement que l'on doit à la patrie, cette mère commune, que nous devons tous défendre au prix de notre vie !

De telles notions tendent à graver plus profondé·ment dans nos cœurs le sentiment du devoir envers la patrie

En résumé, nous rencontrons à chaque ligne, des pensées généreuses et philosophiques qui nous portent à la méditation et élèvent notre âme vers le bien.

Les Confessions d'un Ouvrier, ouvrage dédié à un ouvrier du Port de Brest, contiennent une série de bons conseils destinés à calmer les esprits révoltés et à attendrir les cœurs près de s'endurcir.

L'auteur nous offre dans cette œuvre d'une moralité très-élevée « le spectacle d'une humble destinée combattant la douleur par la patience, et triomphant par l'honnêteté. »

Les premières pages de ce volume nous mettent sous les yeux l'enfance de l'ouvrier, souvent aux prises avec la misère ; elles nous dévoilent ensuite les tristes scènes d'intérieur qui viennent frapper si cruellement ces jeunes imaginations.

Plus loin, quelle peinture réussie et vraie de l'école et des jeux de l'enfant du peuple ! « On les voit se livrer de grandes batailles avec la neige, retenir l'eau des ruisseaux et transformer la rue en étang ; puis, construire des fours, des moulins, etc..... » N'est-ce pas la nature prise sur le fait ?

Souvestre fait suivre la description d'une exposition funèbre, à laquelle assiste le jeune Henri, de cette réflexion remplie de profondeur : « J'ai pensé depuis qu'il ne fallait pas trop éloigner des enfants les images tristes. La légèreté de leur âge les rendrait volontiers égoïstes et durs ; la vue de la souffrance ou de la mort leur ouvre le cœur. »

Cet ouvrage est parsemé de proverbes populaires, pleins d'à-propos et à la portée de l'ouvrier.

Dans le chapitre II, Souvestre fait l'éloge de l'instruction et en démontre l'utilité pratique.

Voici son appréciation sur les services rendus par l'arithmétique, « qui est dans les choses d'industrie, comme la conscience dans les choses d'honnêteté ; c'est seulement quand on l'a consultée, qu'on peut voir clair et être en repos. »

Quelle philosophie dans les consolations un peu brusques, il est vrai, adressées par l'ami Mauricet à la veuve de Jérôme !

La tirade sur l'attachement de l'ouvrier à son mobilier est empreinte d'un cachet spécial de vérité et de poésie.

Lisez plus loin cette sévère leçon donnée au jeune ouvrier, à l'occasion de sa première faute, lorsque Mauricet lui montre la cheminée du sommet de laquelle est tombé le père Jérôme.

Suivent des réflexions très-judicieuses faites par l'auteur sur les funestes effets de l'ivresse qui enlève à la fois à l'ouvrier la santé et l'argent, biens si indispensables à l'entretien et aux besoins du ménage.

Nous voici en présence du jeune homme devenu père de famille, luttant avec les difficultés de la vie.

Quelle scène attendrissante que celle de la réconciliation d'Henri avec sa jeune femme, lorsque les rêves d'ambition faillirent troubler cette union d'abord si heureuse.

Ces *Confessions* se terminent par des notes qui renferment de sages enseignements sur la nécessité du travail, la mod.stie dans le succès et sur la funeste influence de la vanité.

Le cadre restreint de cette Etude ne nous permet de nous arrêter qu'aux ouvrages les plus importants de Souvestre.

Quant aux Récits et Nouvelles dont sa féconde intelligence a produit une variété si complète, nous ne pouvons en donner qu'une appréciation très-succincte.

Mentionnons cependant les délicieuses nouvelles contenues dans « *Pendant la Moisson* » et qui nous donnent des notions intéressantes sur l'Amérique, la Russie, la Chine et l'Inde.

L'auteur nous inite aux mœurs de ces différentes contrées du globe et nous fait un cours de géographie sous la forme de contes pleins d'imagination.

Chaque lieu et chaque époque a ses lectures plus particulièrement appropriées.

Pendant les longues soirées d'hiver, lorsque le cercle de la famille se resserre, nous aimons à écouter les leçons qui doivent être reçues « au coin du feu. » Le soleil d'automne dore-t-il de ses pâles rayons la cime des grands arbres, à demi dépouillés de leurs feuilles, nous nous réfugions « sous la tonnelle » pour écouter de nouveaux récits remplis d'attrait.

Et, comme le dit Souvestre avec tant de poésie, au sujet des contes géographiques contenues dans l'ouvrage intitulé : « *Pendant la Moisson*, » nous voudrions voir lire ces contes « aux derniers beaux « jours de l'été, à l'époque de la récolte, alors que, « couchés parmi les gerbes et les yeux tournés vers « le ciel, nous laissons plus facilement notre imagi- « nation s'envoler au loin avec les nuées voyageuses « ou sur les ailes des oiseaux de passage. »

Dans ces récits, il repète sous toutes les formes, à tous les hommes, que si le succès ne va pas toujours aux bons, la joie sereine ne va jamais aux méchants, et que les plus sûres chances de bonheur ici-bas, sont dans le devoir accompli.

Ce sont aussi les vérités qu'il s'est efforcé de démontrer dans le *Chirurgien de Marine*, où il nous dépeint Edouard Launay comme un de ces hommes qui ne veulent point accepter une place dans le monde, mais la choisir, et qui passent à envier la fortune le temps qu'il faudrait employer à l'atteindre.

Citons en passant les charmantes nouvelles groupées sous les titres suivants : *En Quarantaine*, *Sous les Filets*, *En Famille*, *Autour du Lac* et *Dans la Prairie*, ouvrage sur lequel nous reviendrons bientôt.

Je ne puis me dispenser de parler des *Causeries historiques et littéraires*, ce traité d'histoire et de littérature qui résume le cours que l'auteur, un an avant sa mort, fit avec tant de succès en Suisse. Aussi reçut-il dans toutes les villes de ce pays où il s'arrêta, un accueil cordial et sympathique.

On ne peut trop désirer que ce recueil soit répandu dans les maisons d'éducation destinées aux jeunes filles.

Ces causeries peuvent être. en effet, mises sans inconvénient entre les mains de l'adolescence : car, Souvestre a supprimé tout ce qui, dans ses auteurs anciens, pouvait blesser l'oreille, en adoucissant la licence de certaines images dans les citations un peu crues.

Emile Souvestre, dans la préface de cet ouvrage, nous fait remarquer qu'il a mêlé intentionnellement l'histoire générale à ces études littéraires, parce qu'elle aide à leur donner un sens plus net.

« En effet, nous dit-il, l'écrivain éminent est toujours de son siècle, par quelque côté ; il le révèle ou il le transforme. et dans les deux cas, il a besoin de l'histoire pour être bien compris. »

Après nous avoir parlé de l'origine de l'histoire et de la littérature, l'auteur nous donne, sur la biographie et les œuvres des auteurs grecs, des aperçus très-complets.

Il fait un parallèle intéressant entre l'Œdipe et l'*Electre* de Sophocle et les mêmes tragédies de Voltaire. Plus loin, nous trouvons une comparaison de l'Iphigénie et de la Phèdre d'Euripide, avec les deux tragédies du même nom, écrites par Racine.

A propos d'Aristophane, Souvestre nous fait cette observation pleine de justesse :

« Vous avez pu remarquer qu'à chaque pas, dans » Aristophane, on croit lire une page écrite hier. Il « semble que le passé raille le présent. Ces citations « vieilles de deux mille ans, ont l'air d'allusions « contemporaines, et l'on s'arrête parfois, pour se « demander si l'on se trouve à Paris ou à Athènes.

Ce qui prouve une fois de plus que les hommes se succèdent de siècles en siècles, mais que les travers de l'humanité ne changent guère.

Ces causeries continuent par l'étude des auteurs latins. Nous y trouvons des appréciations très-justes sur Planté et Molière et un parallèle entre les *Adelphes de Térence* et *l'Ecole des Maris.*

Souvestre s'étend ensuite longuement sur Cicéron, Virgile, Juvénal et Tacite, dont il nous fait connaître les principaux chefs-d'œuvre.

Ce cours se termine par une étude sur le *roman-cero espagnol, le Cid, Chimène,* etc...

Cette récapitulation succincte offre un but utile et agréable, en nous faisant repasser les auteurs grecs et latins, que nous perdons trop souvent de vue après notre sortie du collège.

Je m'arrêterai volontiers quelques instants à l'analyse des *Souvenirs d'un Vieillard,* dernier ouvrage d'Emile Souvestre.

Nous retrouvons à chaque page de cette dernière inspiration de l'auteur, des sentiments d'une élévation, d'une délicatesse et d'une poësie infinies.

Il semblerait que l'exquise sensibilité de Souvestre, épurée en quelque sorte au creuset de la vie, ait acquis une nouvelle impulsion à la fin de cette carrière si noblement remplie.

Je ne puis résister au désir de citer quelques passages qui m'ont frappé et ému.

Ce sont d'abord les touchants regrets exprimés par un mari, à la mort de sa femme. Peut-on lire rien de plus poignant !

« Oh ! qui pourrait dire ce morne changement du foyer à l'heure du veuvage ! C'est surtout quand le premier désespoir s'apaise ; lorsque, rentré en possession de soi-même, on peut regarder et comprendre ;

c'est quand vos pas retentissent en lugubres échos dans ces chambres vi-les, que vos yeux rencontrent à chaque instant quelque souvenir de celle qui a disparu. Ici sa corbeille, etc............

Son souvenir flotte autour de vous ; il semble qu'elle n'est sortie que pour quelques heures, qu'elle va revenir, etc........ ..

Ne sont-ce point là les tristes impressions ressenties par ceux qui viennent de perdre des êtres chers ?

Quelle connaissance parfaite des replis du cœur humain ?

L'amertume contenue dans ces regrets nous dévoile la tristesse profonde qui dût assiéger l'esprit de Souvestre à la mort de sa femme.

Je détacherai encore de ces pages, que je voudrais pouvoir citer en entier, quelques fragments écrits de main de maître.

Ecoutez ces soupirs douloureux exhalés devant le portrait de celle qui n'est plus :

« Avec quelle persistance acharnée on recompte
« pièce à pièce le trésor disparu ! Comme on regrette
« les journées perdues, les fugitives querelles !
« Combien de remords d'avoir quelquefois affligé
« celle qu'on ne peut plus réjouir !

« Sois bénie, chère créature, pour tout le bonheur
« que je te dois, et pour tous les torts que tu m'as
« pardonnés ; vivante, tu as été la Providence de
« notre demeure ; morte, tu en es encore l'Ange
« gardien. »

La pureté du style est à la hauteur de la noblesse des sentiments, dans ce chef-d'œuvre.

Quelle généreuse idée exprimée, dans le chapitre suivant, par Souvestre, lorsqu'il témoigne le désir de substituer au mausolée destiné à son épouse, une source vive, qui permettrait aux pauvres d'arroser les fleurs de leurs tombes voisines.

Les réflexions faites par l'auteur, en examinant un atlas, sont pleines de profondeur et de vérité,

Quel charme dans le récit de cette visite au vieillard de Virgile ! Souvestre se plait ensuite à nous rappeler ses souvenirs de collège.

A ce propos, il nous fait assister à l'enterrement d'un de ses condisciples.

Cette scène est écrite avec une grande finesse d'observation. Jugez-en vous-même :

« On voit dans ce cimetière de campagne, ce trou
« béant où repose le cercueil ; on aperçoit les croix
« voisines, et ce petit oiseau saisi par le froid et qui
« chante plaintivement à quelques pas sur la branche
« dépouillée d'un saule-pleureur, etc....... »

Ne croirait-on pas assister à cette triste cérémonie ?

Puisque j'en suis aux citations, je termine par cette description charmante du passereau.

« J'ai avoué à Roger que j'avais toujours eu un
« faible pour le moineau : c'est le seul oiseau qui
« vive dans nos villes, en toutes saisons, et nous y
« fasse entendre quelques notes des mélodies de la
« campagne.

« Nos tuyaux de cheminée sont ses forêts ; nos
« ardoises, ses pelouses. Il réveille chaque matin la
« jeune servante, en chantant dans la giroflée qui
« orne sa fenêtre ; il amuse de son caquet l'enfant du
« pauvre ouvrier, confiné dans les combles : c'est le
« rossignol des toits, etc...... »

Quelle fraîcheur dans ces ingénieuses comparaisons !
N'est-ce pas là un portrait hardi et vrai de ce moineau
effronté, qui vient jusque sur le bord de notre fenêtre
mendier une miette de pain.

Aussi l'auteur le traite-t-il ensuite de gourmand,
de voleur et de véritable chevalier d'industrie des
airs. Il s'indigne avec raison de ce que le moineau
parasite et paresseux usurpe les nids construits par
les timides hirondelles.

Que de nids usurpés de même dans le monde, dit-il,
en finissant cette tirade !

Dans le cours de ce volume, Souvestre s'applique à
faire valoir les priviléges de la vieillesse, qui,
lorsqu'elle est calme et sereine, ressemble au soir
d'un beau jour.

M. Eugène Lesbazeilles, le gendre d'Emile
Souvestre, auquel nous avons emprunté quelques
détails biographiques dans la notice qui précède les
Souvenirs d'un Vieillard, a mis la main à cette œuvre,
si brusquement interrompue par la mort de son
beau-père.

Dans le chapitre intitulé « *Dernières Pensées,* » le
gendre de Souvestre, pénétré des sentiments et des
croyances de son beau-père, parle avec sérénité de
l'immortalité de l'âme qui doit, dit-il, nous faire
oublier ce que la mort a eu elle-même de lugubre et
de repoussant.

Le style et l'élévation des pensées de Lesbazeilles
sont certes à la hauteur des inspirations du maître,
qu'il s'est efforcé d'imiter fidèlement.

Avec quelle modestie et quelle charmante simplicité
il reprend la tâche inachevée de son beau-père, dans

le but de compléter, de son mieux, ce dernier ouvrage qui est un des chefs-d'œuvre d'Emile Souvestre !

Ce livre est le livre des vieillards, qui trouveront dans ces pages fortement senties, de grands enseignements qui les aideront à supporter, avec plus de résignation, les petites misères de la vie à son déclin, et à calmer les bouleversements qui troublent certains cerveaux affaiblis aux approches de la mort.

Après avoir procédé à l'analyse des principales œuvres de Souvestre que nous venons de passer rapidement en revue, je vais terminer cette étude par quelques considérations générales sur l'auteur :

Son style réflète la pureté que nous avons déjà remarquée dans ses pensées et dans sa vie.

La phrase est courte, claire, incisive et élégamment tournée. L'érudition de l'écrivain se cache sous une simplicité qui la rend accessible à tous.

Dans tous ses ouvrages, nous remarquons la sincérité et le naturel, qualités solides qui, seules assurent aux œuvres de l'esprit une durabilité certaine.

Les pensées généreuses et élevées de Souvestre sont encore rehaussées par son style imagé et correct.

On devine, sous les plus charmantes fictions, le profond penseur et l'observateur consciencieux.

L'expression est toujours juste, les descriptions habilement faites et la morale énergiquement défendue.

Les idées philosophiques, d'un aspect souvent si aride, sont présentées au lecteur sous des couleurs vives et animées. Aussi émettons-nous le vœu que les ouvrages de ce moraliste soient répandus à profusion dans le peuple.

J'aimerais, je l'avoue, à voir paraître les principales œuvres de Souvestre. dans cette nouvelle collection, publiée sous le titre de *Bibliothèque nationale.* La mo icité du prix de ces vo umes pe mettrait à tous les citoyens de puiser, à cette source vivifiante, les forces nécessaires pour soutenir le courage près de défaillir dans les moments crit ques.

Les œuvres de Souvestre contiennent des enseignements appropriés à tous les âges de la vie.

Ainsi les enfants pauvres et riches y trouveront des leçons de morale, qui orneront leur esprit et leur cœur ; la jeunesse, de nobles aspirations ; l'âge mûr de nouvelles ressources pour supporter le rude combat de la vie ; et la vieillesse, des consolations pour subir patiemment les amertumes de la vie à son déclin.

Les pères de famille peuvent donc sans crainte aucune, laisser entre les mains de leurs enfants, les récits de Souvestre, qui ne peuvent qu'élever l'âme et ennoblir le cœur.

Quel contraste saisissant entre cette littérature saine et morale d'Emile Souvestre et ces élucubrations de mauvais goût. décorées du titre pompeux d'œuvres naturalistes et expérimentalistes, qui tentent de s'implanter de nos jours chez nous !

Espérons que les hommes de goût feront bientôt justice de ces aberrations de l'esprit, qui nous mèneraient fatalement à la décadence, au point de vue des belles-lettres.

Le théâtre de la jeunesse de Souvestre contient des scènes qui pourraient être représentées dans les salons, où les proverbes et les comédies sont à la mode du jour. Cette attrayante distraction, outre le plaisir qu'elle procure aux spectateurs intimes, offre aussi le précieux avantage de donner aux jeunes acteurs un aplomb et une hardiesse, qui leur sont plus tard très-utiles dans le monde.

Le dictionnaire de Bouillet, à la suite de l'énumération des ouvrages de Souvestre, reproche à notre compatriote de manquer d'originalité et d'invention.

Je crois devoir m'élever contre cette critique.

Les œuvres d'Emile Souvestre renferment un certain cachet d'originalité ; car il n'a cherché de modèle qu'en lui-même et il ne s'est fait l'imitateur d'aucun écrivain.

Son seul mobile a été le devoir ; il a voulu se rendre utile en moralisant ses semblables.

Telle a été son unique ambition ; il n'a point recherché, dans des romans à sensation, les flatteuses compensations de la célébrité.

Il se borne à adresser de sages avis à toutes les classes de la société.

Le paysan routinier trouvera dans le *Bossu de Soumak*, une leçon sévère sur les conséquences funestes de l'ignorance.

Ce premier récit de l'ouvrage intitulé « *Dans la Prairie* » contient l'éloge de la science et du progrès.

Que les jeunes gens, que dévorent la passion du changement et les rêves d'indépendance, lisent attentivement l'histoire « *des gens qui s'amusent.* » Ils verront « que le plaisir est comme le meilleur vin, qui restaure, lorsqu'on en boit à petits coups, mais qui finit par abrutir ceux qui en abusent. »

François l'Indépendant leur montrera que la véritable indépendance n'existe que dans la prompte obéissance aux devoirs.

Le *Filleul*, cet amusant épisode, qui se passe sous Mazarin, tend à prouver qu'à la cour, on ne réussit pas, à cause de ce que l'on est, mais à cause de ce que l'on paraît être.

Enfin, dans l'*Homme raisonnable*, Souvestre déclare que l'intérêt crée des associés, mais qu'il n'y a que l'affection qui puisse donner une famille. Le vrai bonheur dans la vie consiste dans l'affection partagée.

Revenons au second point de l'assertion mentionnée dans Bouillet.

Pour ce qui est de manquer d'invention, comme on le reproche à Souvestre, les ouvrages intitulés : « *Pendant la Moisson, les Péchés de Jeunesse, la Valise noire, le Monde tel qu'il sera, les Réprouvés et les Elus, les Récits*, Contes et Nouvelles, etc..... dénotent une imagination féconde, puisqu'elle a tant produit.

Il a mis « cette folle du logis » au service de ses convictions et n'a point voulu la laisser errer à l'aventure dans des scènes d'un romanesque exagéré, en opposition avec ses goûts et ses idées.

C'est ce qu'il nous dit avec tant de modestie et de franchise dans ces lignes :

« Je sais mieux que personne ce qui manque à ce que j'écris. La persistance des idées et la droiture des sentiments ne suffit point dans l'art, il faut quelque chose d'ondoyant et *divers*, que j'ai toujours vainement cherché. J'appartiens, malgré moi, quoique je fasse, à cette terre celtique où les monuments sont des pierres mal taillées........

« Il ne suffit pas d'un style de bonne volonté pour timbrer un livre à ce cachet qui fait vivre. » etc...,........

En présence d'une telle simplicité, nous ne devons pas nous étonner que Souvestre aimât la vie des champs.

Aussi, quand venait le printemps, escorté de sa réjouissante parure de fleurs et de verdure, Souvestre s'empressait-il de louer une petite maisonnette à la campagne.

Avec quelle joie enfantine il nous parle de son installation provisoire aux environs de Paris.

« Nous voici revenus au milieu des fauvettes et des rossignols. Pour meubler notre maisonnette, grande au plus comme celle de Socrate, nous y avons apporté tout ce que nous avions de chaises boîteuses, de tables écloppées, d'armoires penchantes, et le tout fait un hôpital de meubles, assez plaisant, etc. »

Plus loin, il continue avec le même entrain ces piquantes réflexions, par la description un peu fantaisiste de son cabinet de travail à la campagne :

« J'ai pour cabinet d'étude « un perchoir, auquel on arrive par un escalier branlant, qui soupire chaque fois que je m'avise de le monter, etc .... »

Puis il emprunte aux Muses leur plus poétiques accents, pour nous faire part des impressions qu'il éprouve en présence du spectacle grandiose de la nature.

Avec quels transports joyeux l'auteur se réjouit de son bonheur ! Quel charmant abandon ! Que l'on sent bien que vertu et bonheur se tiennent ; car le sentiment du devoir accompli donne seul le calme et la sérénité nécessaires au vrai bonheur.

Examinons maintenant Souvestre dans ses rapports avec sa famille à laquelle il consacrait toutes ses heures de loisir.

Ecoutez les rêves de bonheur qui viennent hanter son esprit :

« Voici l'époque où la chaleur tombe et où je pourrai m'enfoncer dans les bois, mes filles occupées à fouiller les buissons, et leur mère sur une tranquille monture, échangeant de loin en loin avec moi une réflexion, un sentiment ou un sourire. »

« Ce sont les fastes de ma vie, etc..... »

Le contact du monde aurait puissamment contribué à élargir le cercle de ses relations et le champ de ses observations.

L'étude de la vie mondaine, prise sur le fait, aurait fourni à son esprit profondément observateur des éléments nouveaux qu'il aurait pu utiliser dans ses œuvres.

Mais les goûts simples et modestes lui firent toujours préférer les joies du foyer domestique aux flatteries qui l'attendaient dans les salons. Le spectacle imposant des merveilles célestes qu'il pouvait contempler à loisir du haut de sa mansarde, suffisait amplement à sa vive imagination.

Tout dans la nature, même l'humble fleur des champs, offrait un horizon assez étendu à ses inspirations. Souvestre nous le révèle en ces termes :

« Le temple des Muses n'est pas seulement sur une montagne, comme l'avaient cru les anciens, mais il est aussi sur la pierre de notre foyer, entre le grand fauteuil où est mort notre père et le berceau où dort notre enfant. »

Les événements politiques qui se passèrent, en 1848, purent seuls décider Emile Souvestre à faire violence à ses goûts de retraite et de solitude.

Le sentiment du devoir était si profondément en-
raciné dans cette nature d'élite, qu'il n'hésitait pas
un instant à tout lui sacrifier.

En parcourant les paisibles villages de cette Bretagne qu'il chérissait tant, Souvestre se laissait aller à
une douce mélancolie. « Je voudrais, disait-il, recom-
mencer cette chimère d'une vie en sabots, dans un de
ces bourgs gardés par des aubépines et éclairés par
des vers luisants. »

Puis, brusquement ramené aux réalités de sa mis-
sion, il réchauffait de sa parole enthousiaste le patrio-
tisme des populations du Finistère, dont il brigua
vainement les suffrages.

Loin de se décourager à la suite de cet échec, qui
l'attrista pourtant, il chercha l'oubli dans le travail,
et ses succès littéraires compensèrent largement ses
essais infructueux dans la carrière politique.

Hélas ? la mort inexorable vint, en 1854, l'arracher
à ses affections les plus chères, lorsqu'il s'apprêtait
à jouir paisiblement des douceurs de la vie de famille.
Il ne lui fut pas permis de jouir des priviléges de la
vieillesse, qui, loin de l'effrayer, lui apparaissait
comme une récompense (qu'il avait certes bien mé-
ritée, après une vie si dignement remplie).

La lettre qu'il écrivait à son gendre et à sa fille,
quelque temps avant sa mort, nous dévoile quelles
étaient ses cordiales relations avec ses enfants. En
voici un fragment d'une touchante simplicité :

« Que je serai donc heureux de voir votre bonheur de plus près, de le toucher, de l'entendre rire !
Vous me promettez bien au moins de n'y point
mettre de discrétion, de vous montrer à moi dans
tout le luxe et le bruit de votre joie ? »

Quelle exquise bonhomie contenue dans ces lignes ! Qu'il devait être doux de vivre dans l'intimité
de ce noble cœur, dont les sentiments affectueux
venaient réjouir son heureux entourage !

En souvenir des services rendus par Souvestre à
la littérature, au point de vue de la morale, le prix
Lambert fut décerné à sa veuve par l'Académie fran-
çaise, qui avait précédemment couronné « *Un Philosophe sous les toits.* »

Le monde littéraire, si vivement impressionné par
la mort prématurée d'Emile Souvestre , applaudit
à ce témoignage de reconnaissance , accordé à la
mémoire de notre compatriote , si dignement ap-
précié par les hommes d'esprit et de cœur,

E. MÉVEL.